AF403748

Moïse, sentant sa fin approcher, parlait ainsi aux Hebreux :

« Le Seigneur votre Dieu vous suscitera un prophète
» comme moi, de votre nation et d'entre vos frères ; c'est
» lui que vous écouterez selon la demande que vous fites à
» votre Dieu sur le mont Horeb, où tout le peuple était as-
» semblé, en lui disant : Que je n'entende plus la voix du
» Seigneur mon Dieu et que je ne voie plus ce feu effroya-
» ble de peur que je ne meure ; et le Seigneur me dit : Tout
» ce que ce peuple vient de me dire est raisonnable ; je leur
» susciterai du milieu de leurs frères un prophète sembla-
» ble à vous ; je lui mettrai mes paroles dans la bouche, et
» il leur dira tout ce que je lui ordonnerai. » (VIII, Deuté-
ronome.)

Cette prophétie de Moïse s'est accomplie. Des prophètes
s'élevèrent en Israël qui prévirent à l'avance les malheurs
où la dureté de cœur des Israélites les conduisaient ; Dieu
mit ses paroles dans leur bouche pendant plusieurs siècles,
et ils annoncèrent sa volonté. Cependant, peu à peu la division s'introduisit dans le *peuple de Dieu*, il y eut des Phari-
siens, des Saducéens, des Esséniens, des Hérodiens, mais il
n'y eut plus de prophètes, jusqu'au jour où parut J.-C., qui fit
entrer l'ame des Gentils (Gentes) dans l'alliance, et fonda
non pas UN *peuple* du Seigneur, mais une *église spirituelle* de
tous les peuples.

Jésus, sentant que son arrestation et son supplice étaient
proches, parlait ainsi à ses disciples :

« Si vous m'aimez, gardez mes commandemens, et je prie-
rai mon père qui vous donnera un autre consolateur, *afin*

qu'il *demeure éternellement avec vous;* savoir : l'esprit de vérité que *le monde* ne peut recevoir, parce qu'il ne le voit point et qu'il ne le connaît point; mais vous le connaissez, parce qu'il demeure avec vous et qu'il sera en vous. (Saint-Jean, XIV, 15, 16, 17.) Je vous ai dit ces choses tandis que je suis avec vous; mais le consolateur, qui est le Saint-Esprit, que mon père enverra en mon nom, vous enseignera toutes choses, et vous remettra en mémoire toutes celles que je vous ai dites. (Id. 25, 26.) Lorsque le consolateur sera venu, lequel je vous enverrai de la part de mon père, savoir, l'Esprit de vérité qui procède de mon père, c'est lui qui rendra témoignage de moi. (XV, 26.) J'aurais encore plusieurs choses à vous dire, mais elles sont au dessus de votre portée; mais quand celui-là sera venu, savoir : l'Esprit de vérité, il vous conduira dans toute la vérité, car il ne parlera point par soi-même, mais il dira tout ce qu'il aura entendu, et annoncera les choses à venir. C'est lui qui me glorifiera, parce qu'il prendra de ce qui est à moi, et qu'il vous l'annoncera. *Tout ce que mon père a est à moi; c'est pourquoi je vous ai dit qu'il prendra de ce qui est à moi et qu'il vous l'annoncera.* » XVI, 12 et suiv.

Cette prophétie de J.-C. s'est accomplie. Dès le jour de cette Pentecôte que l'Eglise célebre encore, il s'éleva dans son sein des hommes animés de l'Esprit de vérité : il y eut des apôtres, des pères, des papes, à qui Dieu enseignait toutes choses en leur tems, et leur remettait en mémoire celles que J.-C. avait dites. Cependant, peu à peu la division s'introduisit dans l'Eglise : il y eut des luthériens, des anglicans, des calvinistes, des catholiques et des jésuites, mais il n'y eut plus d'apôtres, de pères, de papes, animés de l'Esprit de vérité, jusqu'au jour où parût saint Simon, le vrai consolateur, pour faire entrer le *corps* aussi bien que *l'ame* des hommes dans l'alliance, pour rassembler, non le peuple, non l'Eglise, mais la grande famille humaine, et fonder non le règne du Christ, mais le règne de Dieu.

Le progrès moral, intellectuel et physique de la famille humaine, le progrès VERS DIEU, voilà la VÉRITÉ *de la création*, *et la* VÉRITÉ *de l'homme qui la continue*; L'ESPRIT DE CE PROGRÈS EST L'ESPRIT DE VÉRITÉ.

Saint-Simon, dans le *nouveau christianisme*, a prouvé que ni le catholique, ni le réformé, ni l'anglican, ni le Grec ne comprend aujourd'hui le précepte chrétien, et qui ne SAIT l'entendre ne PEUT le suivre. Mais saint Simon a fait sentir de plus que celui qui saurait l'entendre ne pourrait se contenter de le suivre et ferait davantage.

Chrétiens de toutes les sectes! ne répétez donc plus que *l'Evangile vous suffit*. Cette assurance ne peut sortir de votre cœur; car si vous éprouvez réellement l'amour du prochain, vous devez ressentir une grande tristesse à la vue de toutes les iniquités qui ont lieu entre les hommes, et surtout entre les nations. Votre tristesse doit être d'autant plus grande que le remède à un mal si profond perd chaque jour de sa vertu. Vous êtes frappés de la décadence du christianisme, vous n'ignorez pas que, dans son âge de force et d'enthousiasme, il n'a pas eu un effet général. Quel effet en pourriez-vous attendre, maintenant qu'il est tombé dans la faiblesse et le refroidissement? Aucun sans doute; comment donc pourrait-il vous suffire?

Vous ne comptez pas cependant sur la philosophie, la morale, la philantropie, qui s'étendent de plus en plus à mesure que la foi se resserre; sur les sciences, les arts, le commerce et l'industrie, qui inspirent, dit-on, l'esprit de paix, qui adoucissent les mœurs et augmentent le bien-être? Non, la philosophie et ses sœurs sont filles de la religion! mais, comme des filles ingrates, elles dépouillent et désavouent leur mère.

Les arts, le commerce, n'inspirent que le désir d'amasser un nom ou un trésor *parmi les hommes.* Tous ceux qui ont la curiosité de la science sont fort indifférens en matière religieuse; il y en a même qui sont plus qu'indifférens : les plus utiles, les chimistes et les médecins, sont la plupart athées; en sorte que si cette route conduit à un bien-être *toujours croissant* dans cette vie, ce qui est douteux, il n'est pas douteux qu'elle conduise à un très-grand mal-aise dans l'autre. Elle ne doit donc pas vous rassurer sur le sort de vos frères, *que vous aimez comme vous-mêmes.*

Les personnes qui, ayant beaucoup souffert, trouvent encore des consolations *personnelles* dans l'Evangile, ne peuvent jeter les yeux autour d'elles sans regretter aussitôt que le christianisme n'ait pas eu un effet général. Nous trouvons le christianisme suffisant *pour nous* et insuffisant *pour les autres,* ce qui veut dire, si nous aimons réellement le prochain comme nous-même, *qu'il ne nous suffit pas.* Mais, qui nous a fait un besoin si nécessaire, un devoir tellement sacré du salut de nos frères, qu'il nous importe autant que notre salut? C'est l'*Evangile.* C'est donc l'*Evangile* lui-même qui nous force de croire à son impuissance, et c'est le précepte de J.-C. : Tu aimeras Dieu par dessus tout, et ton prochain comme toi-même, c'est *la loi et les prophètes,* c'est le christianisme tout entier qui nous enseigne que HORS le christianisme EST le salut !

Ce qui fait la vie d'une doctrine et annonce son caractère divin, c'est le vif désir qu'elle inspire de la connaître quand on l'ignore, et de la propager quand on l'a connue. Tant que le christianisme fut l'expression de la volonté de Dieu, quelle ardeur, quelle promptitude de propagation! En quelques siècles l'Europe est convertie, et à peine les Barbares et les Romains sont-ils réunis, confondus sous la tutelle des commandemens de Dieu et de l'Eglise qu'ils se précipitent vers l'Orient pour convertir l'Asie. Ce qui était mal s'unit à ce qui est toujours bien : la guerre et la parole sillonnent le globe, et montrent la croix à tout ce qui porte un cœur d'homme. Alors, dans le sein de nos sociétés, quel intérêt pour tout ce qui sortait de l'Eglise! quel besoin de prédication et d'enseignement! il n'y avait pas d'esprit si léger, de cœur si fragile, qui, ayant reçu la parole de Dieu, ne brûlât de la répandre! Les pauvres, les ignorans, des libertins et des courtisanes convertis luttaient avec confiance contre tout ce qu'il y avait de force, de science et de vertu! Aujourd'hui, quel triste changement! Qu'est devenu l'esprit de propagation? Vous avez des sociétés bibliques, des sociétés de morale chrétienne et d'encouragement; Rome entretient encore quelques ordres de moines pour sa propagande; mais cette armée, qui ajoutait autrefois des conquêtes à la mère-patrie, ne suffit plus aujourd'hui pour la défendre. Et dans nos salons, que se passe-t-il? L'espérance donne-t-elle du courage aux faibles? la foi, la charité, tiennent-elles lieu de science aux ignorans, de vertu à ceux qui ont failli? Hélas! bien au contraire. Les incrédules règnent en maîtres sur les actions et sur les paroles; les créatures qui aiment et qui espèrent, eussent-elles la force, la science et la vertu, Dieu leur eût-il donné un esprit doué de toutes les grâces, et un cœur plein d'autorité, demeurent timides et muettes devant le vice; et c'est à grand'peine, si elles peuvent conserver en elles-mêmes ce qu'elles avaient mission de répandre et de propager.

Voilà dans quel abaissement sont tombés les chrétiens restés fidèles. Il ne comprennent pas que l'Evangile laissait un précepte à révéler, et que le christianisme nous laisse de grandes choses à accomplir; ils ne comprennent pas que toute leur puissance de conversion ne s'est éteinte que parce qu'ils approchaient du jour où eux-mêmes auraient besoin d'être convertis.

Chrétiens! pour nous, vous êtes juifs. Vous vous attachez à la lettre qui tue, et non à l'esprit qui vivifie ; vous souriez quand nous vous annonçons que les tems sont accomplis, que la race entière des hommes a mérité une alliance nouvelle et définitive, que le principe du mal est chassé du monde, lorsque nous vous annonçons que les dernières traces de la loi de crainte sont effacées, que la chair est ressuscitée, et que les réprouvés vont entrer dans la nouvelle église, formée par la famille humaine, comme les Gentils sont entrés, au tems du Christ, dans le nouveau peuple de Dieu, formé par l'église. Les juifs au cœur dur repoussaient le Christ lui-même, par une incrédulité semblable.

La force et l'autorité étaient alors la forme choisie par Dieu, et, sous laquelle il avait, dans la personne de Moïse, exercé sa puissance sur Israël ; les juifs attendaient un prophète qui fût un homme d'autorité : ils voulaient un roi ; ils voulaient une seconde manifestation du Père, ne sachant point que Dieu ne répète jamais son ouvrage, et qu'il le continue toujours. Ils reçurent donc le fils, sans le connaître, en disant : « Nous sommes disciples de Moïse, nous savons » que Dieu a parlé à Moïse ; mais, pour celui-là, nous ne » savons d'où il est (Luc XI, 28, 29). » Les juifs, vous dis-je, demandaient une seconde manifestation du Père, quand le Père leur envoyait le Fils qu'il engendrait de toute éternité. Demanderez-vous une seconde fois le Fils, quand le Fils et le Père vous envoient l'esprit de vérité ? Ah! ne recevez point le *consolateur* sans le connaître ; pour l'amour de Dieu, ne dites pas : « Je suis disciple de Jésus, je » sais que Dieu était en lui, mais pour celui-ci, je ne sais » d'où il est. »

De même que les juifs attendaient le Messie, de même qu'ils se perdirent en ne voulant point être sauvés ; de même les chrétiens attendent le règne de Dieu, de même ils se perdiront en ne voulant point y entrer ; et pourtant quand les juifs attendaient le Messie, les prophètes leur criaient qu'il était arrivé ; et pourtant quand les chrétiens demandent le règne de Dieu, Jésus lui-même leur crie : « LE RÈGNE DE DIEU EST AU MILIEU DE VOUS (Luc XVII. 21.) » Si les juifs furent incrédules, ils pouvaient dire à Dieu : nous ne t'avions jamais vu ajouter un précepte à ta loi ; mais les chrétiens, qui ont vu Dieu ajouter un précepte à sa loi, que lui diront-ils s'ils sont incrédules ? Ils ne le seront pas ! Non, Dieu d'amour, de lumière et de puissance, tu ne souffriras pas que, *sous ton règne*, TON ÉGLISE se disperse comme TON PEUPLE, *sous le règne de César* : tu susciteras des hommes plus puissans que les apôtres, pour accomplir ta dernière alliance ! Il n'y aura plus de brebis hors du bercail, plus d'enfant prodigue loin du foyer paternel ! Tous tes enfans te réjouiront et seront réjouis par toi sur la terre comme dans le ciel et dans l'éternité !

A une époque où les Hébreux étaient encore sauvages, alors qu'ils étaient rongés de vices et de maladies, qu'ils étaient enclins au vol, au meurtre, au parjure, à l'inceste, qu'ils n'avaient ni foi, ni loi, Moïse leur révéla que Dieu défendait de se livrer aux crimes qu'ils pratiquaient, et leur dit : *aimez Dieu par dessus tout.* Mais aimer celui qui leur défendait de contenter l'appétit brutal auquel ils avaient obéi jusque là, c'était un effort, un sacrifice véritable, et l'Hébreu grossier, qui, par amour de Dieu, passait devant l'âne, la vache ou la femme de son voisin et ne succombait pas à la tentation de vol ou d'adultère, était un saint de l'époque.

Le Décalogue suivit les Hébreux dans toutes leurs vicissitudes ; et, à l'époque où parut J.-C., le monde était bien changé. Les Gentils s'étaient rapprochés des Hébreux, et avaient mérité comme eux, par leurs progrès, d'entrer dans l'Église. Nulle part le parjure, l'adultère, le vol, le meurtre n'étaient une habitude, une inclination, ne formaient des mœurs générales. S'abstenir alors de toute infraction *aux commandemens de Dieu* n'était plus un mérite égal à celui des anciens Israélites. Mais si, à cette époque, les iniquités proscrites par la loi de Moïse n'étaient plus régnantes ; d'autres injustices régnaient, et c'est dans la lutte contre celles-là qu'allait consister le vrai mérite, la dévotion.

Alors, les hommes étaient possédés de l'esprit d'égoïsme et de domination, ils étaient haineux et vindicatifs ; le puissant considérait le faible comme un instrument de fortune ou comme un jouet pour ses plaisirs ; le plus fort empire envahissait tous les empires : dans chacun d'eux, la classe la plus élevée opprimait l'autre ; partout l'homme maintenait la femme, le riche maintenait le pauvre dans l'abaissement et la servitude. J.-C. prit la parole, et Dieu, par sa bouche, ajouta à la loi : « Aimez votre prochain comme vous-même, vivez en paix, pardonnez les offenses et faites du bien à vos ennemis. » Or, l'accomplissement du précepte de Jésus était pour cette époque, comme l'accomplissement du précepte de Moïse l'avait été pour la sienne, un sacrifice, une victoire, un triomphe de l'homme sur ses penchans et ses habitudes, triomphe auquel toutes les philosophies payennes n'avaient pas même visé, et qui, seul, pouvait ouvrir les *portes du Ciel.* Alors, le Juif, le Grec ou le Romain qui, pour l'amour de Dieu et de Jésus, supportait patiemment les offenses, et renonçait à perdre celui qui l'avait outragé ; l'homme qui respectait la pudeur, qui soulageait les souffrances de son esclave, qui traitait son inférieur comme un frère et sa femme comme une moitié, celui-là était le saint de l'époque. — Le précepte de Jésus s'empara de l'empire romain et l'accompagna dans toutes ses vicissitudes ; il soumit même les Barbares, devint la loi de l'Europe ; les Européens le transplantèrent en Amérique, au sud de l'Afrique et dans l'Inde. Dès qu'il eut triomphé des ruines de l'empire romain, il servit d'enseignement aux sociétés nouvelles, et, à partir du moyen-âge, il est facile de suivre les progrès opérés sous son influence. De siècle en siècle, ce qui était un énorme sacrifice pour les pères, devint une obligation moins difficile pour les enfans : peu à peu les intérêts, les habitudes, les mœurs, les relations des divers peuples se firent à ce précepte, et nous sommes enfin arrivés, grâce à lui, à un état social où sans doute peu de personnes l'accomplissent dans toute sa pureté, mais où il est *facile* cependant de le faire sans un grand combat contre soi-même. Nous ne maintenons pas les pauvres dans la servitude, ni les femmes dans l'abaissement ; nous ne nous vengeons pas de nos ennemis, car, en réalité, il n'y a guère d'inimitiés ; nous pardonnons les offenses, car les offenses, que sont-elles maintenant ? Nous vivons en paix, et nous rendons volontiers service à des personnes qui nous ont desservis ; nous pratiquons généralement enfin le précepte de Jésus. Croyez-vous que Dieu s'en contente ? Quand les Hébreux vivaient sans peine et par la seule force de l'habitude et de l'éducation dans l'observation de la loi de Moïse, Dieu leur imposa de nouveaux devoirs, afin qu'ils méritassent le ciel ; aujourd'hui que les chrétiens ont naturellement des mœurs évangéliques, aujourd'hui que l'intérêt bien entendu suffit pour rendre philantrope ; aujourd'hui que tout le mérite, comme au tems d'Hérode, vient de l'habitude et de l'éducation, pouvez-vous croire que *Dieu* reste muet ? La volonté de Dieu n'est-elle donc plus *que son règne arrive, que sa volonté soit faite sur la terre comme au ciel ?* et voyons-nous régner sur la terre l'ordre et la justice du Seigneur ? N'est-il plus de souffrances ici bas ? Ne surnage-t-il pas au-dessus des nouvelles sociétés humaines une nouvelle écume ? Ne pratiquons-nous pas de nouveaux *vices* et de nouvelles *iniquités ?*

Oui, ces rivalités, ces perfidies, cet égoïsme brutal de l'état sauvage dont Jésus a guéri les hommes, ce sont les nations qui le pratiquent entre elles ; cette domination indivi-duelle dont Jésus est venu délivrer les créatures de Dieu, ce sont les richesses et la terre de Dieu qui la supportent. *Vous vous distinguez par la naissance, et Dieu ne vous distingue que par la grâce !* Les hommes naissent meilleurs qu'au tems d'Hérode, et pourtant ils sont toujours méchans ; ils sont meilleurs en face du passé, ils sont méchans en face de l'a-venir. Ne vous affligez pas, cependant, si le christianisme n'a pas eu un *succès général*, car le *succès général* n'appartient qu'à la parole complète et définitive, et l'Évangile était une parole incomplète et provisoire. Dieu souffrait encore parmi les hommes un pouvoir rival du sien, lui abandonnant leurs corps et ne jugeant digne de sanctification que l'esprit. Ne vous affligez pas ; mais, comme des enfans dévoués et labo-rieux, bénissez Dieu de ce qu'il vous a réservés pour la der-nière et la plus belle partie de son œuvre.

Si tous les grands hommes du clergé n'ont pu continuer et achever l'œuvre de Jésus, à une époque ou l'enthousiasme et l'unité régnaient dans l'Eglise, ce ne seront pas des hommes pour la plupart engourdis et divisés, qui, dans un siècle d'in-différence, pourront accomplir cette mission. Dieu n'a pas confié à la tribu de Lévi le soin de répandre l'Evangile de son fils ; Dieu ne confiera pas non plus *aux lévites de nos jours* son EVANGILE ETERNEL. Les anciens apôtres s'élevèrent et se multiplièrent dans l'Eglise naissante, à mesure qu'elle s'é-tendit ; les nouveaux apôtres s'élèveront et se multiplieront aussi dans la *famille humaine* à mesure qu'elle s'étendra. C'est à ces hommes qu'il appartient de dire les devoirs de *famille hu-maine* que le *règne de Dieu* nous impose ; car, de même qu'il fut donné mission aux *nouveaux juifs* de prêcher que la loi de Moïse ne pouvait plus sauver, de même les *nouveaux chrétiens* ont reçu mission d'enseigner que l'évangile du Christ ne suf-fit plus au salut.

Et pourtant le Dieu de Saint-Simon est le Dieu de Jésus, comme le Dieu de Jésus est celui de Moïse. Dieu est toujours *celui qui est*; adorons donc celui qui *est*, tel qu'il a voulu *être*, tel qu'il a voulu se manifester à nous progressivement dans son amour, sa science et son industrie sans bornes.

Dieu voulut conduire la race des hommes de l'état animal jusqu'à l'état divin; de l'égoïsme le plus étroit qui ignore le *bien* et le *mal*, parce qu'il *n'aime*, ne *connaît* et ne *pratique* que le mal, jusqu'au plus large dévouement qui ignore aussi le *bien* et le *mal*, parce qu'il *n'aime*, ne *connaît* et ne *pratique* que le bien; il voulut conduire l'homme de l'amour de tout en soi à l'amour de tout en Dieu; du néant à la vie éternelle. Dieu voulut de plus que l'œuvre des hommes leur appartînt, et il attacha à leurs progrès des souffrances qui ne sont que des épreuves, qui sont des *bienfaits*; car sans elles les progrès ne seraient pas possibles. Si les hommes voyaient quels torrens de joie jaillissent éternellement de leurs souffrances passagères, ils ne pourraient supporter l'existence en face d'une si vive tentation, et comme des insectes d'un jour, ils courraient consumer leur vie dans la lumière.

Or, Dieu agit toujours dans les œuvres humaines, bien que les hommes ignorent pendant un tems qu'il agisse en eux, mais quand l'œuvre est faite, Dieu lui-même apparaît dans l'œuvre; il juge que ce qui a été fait est bon, et il le sanctifie aux yeux des hommes, en leur apprenant à le rattacher à lui.

Tel fut le développement de la race des hommes, tels furent les progrès de la portion de lui-même à qui Dieu a permis de l'aimer, de le connaître et de se manifester à lui selon l'amour et la science.

Après que les hommes eurent atteint l'état de famille domestique, Dieu sanctifia cet état dans la personne des patriarches. Après que les hommes eurent atteint l'état de peuple, Dieu le sanctifia dans la personne d'Israël. Dans cet état, la première faculté, l'unité même de l'être humain, l'*amour*, fut sanctifié par Dieu. Moïse enseigna aux Hébreux quels *sentimens* étaient agréables aux yeux du Seigneur ; il leur apprit à tout aimer en Dieu, il leur donna une loi *morale*, il fonda une *religion*.

La seconde faculté humaine que Dieu sanctifia, ce fut l'*intelligence*. Après que les hommes eurent épuisé toutes les ressources de l'*esprit* à connaître ce qui était en eux et hors d'eux, à fonder des sciences, et une science des sciences, Jésus-Christ survint, qui fit d'abord rentrer dans la loi d'amour de Dieu les nouveaux sentimens *spirituels* découverts depuis Moïse, et sanctifia ensuite les sciences humaines, en les réunissant toutes dans une seule, la science de Dieu. Il donna aux hommes une *théologie* et fonda le *dogme*.

La puissance physique, l'*activité matérielle*, fut la dernière faculté que Dieu sanctifia. Quand l'*industrie* des hommes se fut exercée sur tout ce que Dieu lui avait permis d'atteindre, Saint-Simon vint, qui, après avoir achevé l'œuvre *théologique* de Jésus-Christ, en faisant entrer toutes les sciences nouvellement développées dans la science des sciences, celle de Dieu, accomplit l'œuvre qui lui était propre, en sanctifiant tous les travaux des hommes, et fondant le *culte*. Tel est le mystère des caractères divers des trois Messies, qui sanctifièrent chacun une des facultés de l'homme, en lui révélant une des facultés, une des faces de Dieu.

Les nouveaux juifs disaient aux juifs : Ne regrettez pas la loi de Moïse ; car c'est la loi de Moïse que le Christ est venu accomplir. Les nouveaux chrétiens disent aux chrétiens : Ne regrettez pas la loi du Christ ; car c'est la loi du Christ que le consolateur est venu accomplir. Les juifs retrouvèrent l'*ancien Testament* dans le *nouveau*; vous retrouverez l'un et l'autre dans l'*Evangile* éternel. Dieu ne vous enlève rien de ce que vous avez, mais il y ajoute ce qui vous manque.

Oui, sans doute, *il faut désirer se dévouer pour ses frères;* car c'est pour sentir toutes les joies du dévouement, de la dévotion, que Dieu nous a confié une portion de son adorable amour; mais le désir de se dévouer ne suffit pas; il faut concevoir un dévouement qui leur soit profitable dans cette vie et dans l'autre, et *la science* de ce dévouement ne suffit pas encore; il faut la *réaliser par ses actes*, par ses travaux, par l'occupation de toute sa vie. Dieu nous appelle à goûter, sous la double face d'esprit et de corps, les trésors inépuisables que sa tendresse nous révèle sous la double face de la science et de l'industrie. Le dévouement complet, le dévouement véritable, est aussi le véritable et saint égoïsme. Là se trouve à la fois le bonheur de tous et le bonheur de chacun.

Les hommes n'ont pas tous reçu de Dieu un égal *amour*, une égale *intelligence* et une même *force*. Dieu ne les créa pas pour s'isoler les uns des autres, mais pour se rassembler au contraire, afin de l'*aimer*, de le *connaître*, et de le *pratiquer* en commun. C'est pour cela qu'il sanctifia la famille patriarcale, le peuple d'Israël et l'Eglise chrétienne; c'est pour cela que Dieu sanctifie aujourd'hui la famille humaine, qui fonde sur la terre son royaume. Dans ce royaume, les hommes seront toujours inégaux, puisque Dieu les fait naître ainsi; mais il n'y aura entre eux d'autre inégalité que celle du génie, de la *grâce*, qui est la seule inégalité divine; car c'est la seule qui fasse, des faibles et des puissans, ce que Dieu veut qu'ils soient, c'est-à-dire, des enfans et des pères, s'aimant et s'améliorant les uns les autres, et rejouissant Dieu lui-même par leurs progrès.

C'est à la famille, et non pas au prochain, que Dieu exige aujourd'hui que *chacun se dévoue dans le cercle qui lui est propre.* Mais chacun sera-t-il juge de la place, du rang qu'il doit oc-

cuper dans ce grand dévouement de la famille humaine pour elle-même en Dieu? Non, sans doute, l'homme dont l'amour vaste sympathise avec l'harmonie de l'ensemble, est l'homme *prédestiné* par Dieu pour mettre chaque dévouement individuel à la place qui lui est propre. Voici ce que nous annonçons dans le royaume de Dieu : « Ceux qui auront le plus l'a-
» mour de l'humanité, l'amour de l'union, de l'harmonie so-
» ciale; ceux qui auront le plus le sentiment des besoins
» spirituels et matériels de la société, voilà les poètes, les
» prêtres, les gouvernans que Dieu vous donnera. Ceux qui
» auront le plus le génie de la science, voilà les théologiens,
» les hommes de conseil que Dieu vous donnera. Ceux qui
» auront le plus le génie de l'activité matérielle, voilà les
» diacres, les hommes de direction et d'exécution que Dieu
» vous donnera; et nous serons tous sacerdotes, tous fils de
» la sainte famille humaine, tous occupés à *aimer*, à *connaî-*
» *tre*, à *cultiver* de concert, toujours avantage, Dieu notre
» père, et il n'y aura pas parmi nous un oisif; car un oisif
» est un profane. Or, ne soyez pas inquiets sur la manière
» dont s'élèveront parmi vous vos chefs, vos prêtres. Nous
» vous disons que lorsqu'il y en aura un de choisi, ce sera
» parce que vous serez disposés d'avance à l'aimer plus que
» tous les autres ; vous irez de vous-mêmes à lui, et vous
» lui direz : Nous vous aimons plus qu'aucun autre, parce
» que vous nous portez tous dans votre sein; apprenez-nous à
» nous aimer comme il est utile pour la famille et agréable à
» Dieu que nous nous aimions ; exaltez nos joies devant la
» face de Dieu. De même, quand il y en aura un de choisi
» pour être de vos chefs dans la science, un théologien, vous
» le connaîtrez d'abord, parce qu'il *saura* davantage, et vous
» irez de vous-mêmes auprès de lui vous instruire dans l'in-
» telligence des pensées de Dieu. De même, quand il y en
» aura un élevé à la dignité de diacre, vous viendrez de vous-
» mêmes lui confier vos travaux, afin qu'il les dirige. Et

» l'obéissance sera douce , parce que l'autorité sera aimante,
» et tout cela aura lieu ainsi, parce que tout se fera par le
» Seigneur, dans le Seigneur, et pour le Seigneur, *celui qui*
» *est*, CELUI QUI AIME. »

Ce n'est donc pas assez d'aimer son prochain ; ce n'est pas pour lui qu'il faut *s'oublier*, mais pour la famille. Il ne faut donc pas *se compter pour rien*, mais SE COMPTER POUR CE QUE L'ON EST. Il ne faut donc se mettre *à la dernière place* que SI L'ON N'EST PAS JUGÉ DIGNE D'UNE PLACE MEILLEURE, comme il faut monter généreusement à |la *première*, SI NUL N'EST JUGÉ PLUS DIGNE QUE VOUS DE L'OCCUPER. Voilà l'effort vraiment sublime des vertus religieuses, voilà la politique de l'éternel Evangile.

Vous tous, chrétiens ! vous croyez à la fin de la lutte de l'esprit contre la matière, vous croyez à la résurrection de la chair que Jésus-Christ est venu *tuer*, parce qu'elle était impie, mortelle (et la *mort*, c'est le *péché*), mais qu'il doit faire revivre pure, divine, incorruptible; vous croyez enfin au règne de Dieu sur cette *terre*, où le *nom* du seigneur sera sanctifié (et le *nom* du seigneur est : *Celui qui est*). Vous y croyez, et vous répétez chaque jour : « *Notre père qui êtes aux* » *cieux, que votre nom soit sanctifié, que votre règne arrive ! que* » *votre volonté soit faite* SUR LA TERRE *comme au ciel !* »

Nous qui sommes *nouveaux chrétiens*, nous *n'attendons* plus toutes ces choses, parce que nous arrivons *pour les accomplir !* Nous venons faire cesser la lutte de l'esprit et de la matière, et leur enseigner à vivre dans une éternelle union. Nous venons réhabiliter, *ressusciter* la chair, la délivrer du péché qui est la mort, et la faire vivre aussi bien que l'esprit, heureuse et fidèle , SELON L'AMOUR de Dieu et des hommes. C'est parce que nous avons fait cela en nous-même que nous avons foi de pouvoir l'opérer chez les autres, et de transmettre dans ceux chez qui nous l'opérerons le même pouvoir qui nous fut donné. C'est, pénétré de ce que nous sommes, et en face de ce que vous serez, famille dispersée des hommes, que nous chantons l'Eternel. Notre prière est une action de grâces : « O Dieu! être unique! père et mère de tous les » êtres! ton nom est sanctifié dans la famille humaine! c'est » ta chair qui obéit, c'est ton esprit qui commande, c'est ton » amour qui gouverne; tu vis en nous et nous vivons en toi! » TON RÈGNE EST ARRIVÉ SUR LA TERRE COMME AU CIEL!

Chrétiens, votre esprit aime Dieu et le prochain, et votre corps pratique la haine de l'un et de l'autre. Vous ruinez le prochain par des procès et vous le détruisez par la guerre. Or, celui qui n'a pas horreur des procès et de la guerre, qui ne leur refuse pas sa louange, son argent ou ses prières, celui-là vit dans la haine du Seigneur. Votre esprit enseigne que tous les hommes sont frères, et votre corps les traite en étrangers; vous vous distinguez les uns des autres par la naissance, espèce de convention que ne rédige pas la *vérité*, mais le *mensonge*; car elle dit : ceux-ci auront part à ce qui fait croître dans l'amour, la science et la pratique de Dieu, et ceux-là n'y auront point de part (et c'est le grand nombre), en sorte que ceux qui sont élevés parmi vous ne sont pas élus par Dieu; et, les voyant régner sur la terre de Dieu, posséder tous les biens de Dieu, et les consommer à un usage qui n'est pas selon l'amour de Dieu, vous élevez cette parole impie : « Que l'esprit soit libre de la » matière et que la matière soit libre de l'esprit! Que l'esprit » gouverne ce qui est spirituel, et le temporel ce qui est » temporel! Dieu n'a pas d'élus parmi nous, et son royaume » n'est pas de ce monde. » Eh bien! nous vous disons que le royaume de Dieu est de ce monde, et qu'il viendra si vous allez au-devant. *Frappez à la porte, et l'on vous ouvrira!* Nous vous disons que Dieu a parmi vous des élus qu'il a bénis dans le ventre de leurs mères, des élus qui grandiraient *dès ce monde* pour sa gloire , si vous les instruisiez dans l'amour , la science et le culte de Dieu. Mais vous les maintenez dans la haine , dans l'ignorance et dans l'oisiveté , et ils demeurent petits, abandonnés et misérables. Dites : il est écrit que Dieu nous jugera selon nos œuvres : mais, s'il juge ainsi ceux qui auront fait des œuvres, comment jugera-t-il ceux qui *n'en auront pas fait* ? Comment jugera-t-il ceux qu'il avait élus et qui sont restés dans l'ignorance et l'oisiveté où *vous les avez forcés* de vivre ? C'est vous qu'il punira, car ce qu'ils n'ont pas fait n'est pas leur œuvre, mais la vôtre.

En vérité, nous vous disons qu'il viendra un tems où les enfans même connaîtront si bien le Seigneur et l'aimeront tant, que lorsqu'on leur dira : autrefois les fils *héritaient* de *leurs pères;* ils ne le croiront pas. Et quand on leur dira : « Quelques réunions d'hommes , ayant horreur de l'héritage, vivaient en commun , et se partageaient *également* les richesses et les travaux du Seigneur ; ILS NE LE CROIRONT PAS. Mais ils répondront dans la simplicité et l'abondance de leur amour : « Les biens de la terre n'ont qu'un seul maître, et les » enfans des hommes n'ont qu'un seul père. Comment la fa- » mille humaine sera-t-elle forte devant Dieu, si ce ne sont » pas les forts qui exécutent ? Comment vivra-t-elle dans l'in- » telligence de Dieu , si ce ne sont pas les intelligens qui » conçoivent ? Comment vivra-t-elle dans son adorable » amour , si ceux qui aiment ne l'enseignent ni ne la gou- » vernent ? Or , la famille de Dieu , ce sont les hommes ; et » aucun de ses enfans n'est égal à l'autre. Dieu donne à cha- » cun ce qu'il est utile pour tous qu'il possède ; car il n'a *rien* » créé pour *chacun,* mais *tout* pour *tous.* »

Voilà la science des petits enfans de l'avenir ; et non seulement les petits enfans de nos jours l'ignorent, mais les jeunes hommes et les jeunes femmes, les pères, les mères et les vieillards ignorent cette science qui sera celle des petits enfans. C'est pourquoi Dieu nous a commis pour les enseigner.

Ch. D.

CORRESPONDANCE.

Tout est fini et tout commence, mon cher D. : me voici devenu un homme de l'avenir. Vous m'avez appelé, c'est à vous que je réponds.

Portez mon premier acte de foi, dans la religion nouvelle, aux chefs de l'école. Vous me les avez fait connaître, ils se sont fait aimer, je veux leur obéir. Dites-leur qu'au nom de Dieu qu'ils enseignent, je remets en leurs mains une vie consacrée tout entière au développement et à la propagation du la foi Saint-Simonienne. S'ils veulent bien l'accepter, qu'ils en disposent.

Après huit années d'une liberté inquiète, orageuse, mais dirigée toujours vers le même but, je m'oriente enfin dans mon siècle, et je trouve aujourd'hui ce que j'ai vainement cherché en France et en Allemagne aux leçons des plus illustres maîtres.

Profondément émue au spectacle de la désorganisation sociale, l'école de Saint-Simon unit les hommes pour les entraîner vers un meilleur avenir. C'est à l'école de Saint-Simon que je me rallie, et mon acte de foi est en même tems un acte de soumission.

La soumission est le dernier progrès que j'aie fait vers la doctrine; mais je le sens aujourd'hui de toutes les forces de mon être, ce progrès est le seul que j'aie fait avec vous et pour vous tous qui êtes la doctrine vivante. C'est par lui seulement qu'il m'est permis de demander ce que je demande.

L'œuvre que vous accomplissez est immense ; sa grandeur m'a frappé tout d'abord ; mais, surpris de sa nouveauté, j'ai fait un pas en arrière au moment d'y prendre part: j'avais encore besoin d'examiner, de réfléchir. Bon gré, mal gré, il

a fallu céder. Au moment où j'ai voulu me séparer de la doctrine, elle était en moi, plus forte que moi, meilleure que
moi. Nous ne sommes plus deux maintenant: LE VERBE S'EST
FAIT CHAIR.

Un sentiment douloureux me reste, il faut l'avouer, car
l'aveu purifie et fortifie ; je ne me se sens pas digne encore
du rôle que je désire dans la société nouvelle ; mais je sens
aussi que, seul, et livré à moi-même, je ne pourrais le devenir, car DIEU SE RETIRE DE L'HOMME ISOLÉ.

Je me confie donc à la sollicitude de nos pères communs,
à la vôtre, à l'amitié et à l'exemple de nos frères.

Le 26 février est un grand jour pour moi, mon ami, il le
sera aussi pour vous. Je vous embrasse, et vous aime en
Saint-Simon.

J. L.

Imp. de Pillet aîné, imprimeur du Roi, rue des Grands-Augustins, n. 7.

EXTRAIT

DE

L'ORGANISATEUR.

CORRESPONDANCE (1).

Vous êtes pour vous-même, dites-vous, un objet d'étonnement. Vous avez peine à vous comprendre. Eh quoi! aimer d'un égal amour le catholicisme et la révolution! sympathiser avec les moines du XIIe siècle et les jacobins de 92! encenser tour à tour, et tout aussi dévotement, la Vierge et l'Enfant-Jésus, les déesses de la Raison et de la Liberté! Vous sentez qu'il y a là une contradiction qui vous choque, qui vous indispose contre vous-même, contre nous peut-être, et vous nous priez de ne plus nous occuper de vous, de vous abandonner.

Certes nous ne vous abandonnerons pas, car vous avez besoin, plus que tout autre, et dans ce moment surtout, de l'enseignement moral de la doctrine, des louanges et des réprimandes de l'un de ses Pères. Que je vous mette en repos d'abord sur les objets, en apparence contradictoires, de votre enthousiasme.

Votre égale admiration pour le triomphe du christianisme

---

(1) Cette lettre à tous les hommes qui ayant déjà reconnu, dans la doctrine de Saint-Simon, un système *philosophique* ou *politique* plus avancé que tous ceux qui ont été proposés jusqu'à ce jour, n'y voient pas encore les bases de l'ordre religieux de l'avenir.

et celui de la révolution française ne nous cause pas un vif étonnement : ces deux faits ont concouru activement à l'émancipation de la portion la plus nombreuse de l'humanité. Le second, sans doute, fut la conséquence du premier, et n'offre ni la même durée ni la même importance; mais il est plus rapproché de nous; le souvenir de la révolution est encore empreint dans votre imagination; on vous a bercé de ses chants patriotiques; vous avez marché sous ses bannières; les débris des assemblées, des clubs, des armées républicaines, sont encore debout et vivant autour de vous.

Combien de fois des témoins oculaires vous ont parlé des solennités de la Fédération, de ses triomphes, de ses fêtes communes! Non, ces hommes qui avaient combattu de leurs mains, qui avaient contemplé de leurs propres yeux ces fêtes publiques et harangué le peuple de leur bouche, ces hommes passionnés ne vous induisaient point en erreur, en vous faisant partager leur vieil enthousiasme.

La révolution n'a pas régénéré la société, mais elle a tout préparé pour sa régénération. La révolution a brisé les restes du lien religieux qui gênait son développement après l'avoir favorisé; elle a détruit un gouvernement usé, une hiérarchie, une justice vieillies; elle a détruit jusqu'aux mœurs, aux habitudes, jusqu'à la politesse et la courtoisie anciennes, qui n'étaient plus que corruption et qu'hypocrisie. A ce titre, admirons la révolution.

Mais ces mœurs, ces habitudes, cette justice, cette hiérarchie, que la réforme et la révolution firent disparaître, avaient été bienfaisantes avant d'être funestes; elles avaient été saintes: Dieu les avait fait croître et prospérer avant de les anéantir.

Contemplons l'Europe sous le catholicisme et la féodalité. Une autorité spirituelle prend place au-dessus de l'autorité militaire; une justice douce, régulière, succède aux épreuves de l'eau et du feu, aux jugemens par combats; d'innombrables monastères offrent un asile assuré aux travaux des savans et

aux douces vertus des vierges qui fuient la brutalité d'une société toute guerrière ; l'affranchissement des serfs devient une
obligation, une cérémonie religieuse ; et la chevalerie, enfin,
en courbant les guerriers sous le patronage des dames et de
l'Eglise, consacre la force au redressement des torts, au
soutien des faibles. A tant de titres, admirons le catholicisme.

Et disons plus : tous les âges de l'humanité ont eu leur
amour, leur enthousiasme ; ils ont tous droit à notre admiration. Notre condition *perfectible*, et par conséquent *imparfaite*,
nous oblige à des préférences, nous force de comparer et de
choisir ; mais dans cette longue suite de siècles, et parmi tous
les instrumens de progrès que Dieu nous donna, ce serait
un blasphème, un sacrilège, d'en réprouver, d'en condam-
ner aucun. L'histoire ne contient pas un événement qui ait
changé la face des sociétés, qui ne doive émouvoir nos sym-
pathies. Les générations passées ne contiennent pas un seul
homme qui ait fait marcher l'humanité, dont la vie ne soit
une belle œuvre, une œuvre utile et sainte devant Dieu. Admirons donc, célébrons le catholicisme, la réforme, la féodalité, la royauté, la révolution ! et, toutefois, souvenons-
nous que toutes ces puissances d'organisation ou de destruc-
tion du passé ont accompli leur mission, qu'elles sont en
arrière des progrès huamins ; que nous ne vivons pas aux
temps des Mirabeau, des Louis xiv ou des Luther; que nous
ne sommes pas contemporains de Grégoire vii ou de St.-
Paul ; souvenons-nous que Dieu exige de ses enfans plus
qu'une admiration stérile pour des temps qui ne sont plus,
et que s'il eût voulu borner notre enthousiasme aux prodiges
opérés par le catholicisme ou la réforme, il nous eût fait
naître à une époque où, par le dévouement de toute notre vie,
nous aurions pu hâter et multiplier leurs prodiges.

Si les catholiques et les réformés, si les royalistes et les
révolutionnaires entreprirent avec audace et ferveur des trans-
formations humaines plus ou moins étendues ; nous, nous

avons à entreprendre une transformation, une régénération radicale. Tous les progrès opérés jusqu'à ce jour ont produit, la plupart, des organisations sociales incomplètes et provisoires, qui ne furent que des acheminemens vers l'*association universelle* que nous pouvons enfin concevoir et réaliser. C'est là le progrès, l'immense progrès qu'il nous appartient d'accomplir. A nous, il a été donné de régler les rapports d'âge, de sexe, de parenté, de fonction, de régler toutes les relations humaines et toutes les relations de l'humanité avec l'univers, *sur la perfectibilité infinie de l'humanité et de l'univers.* A nous il a été donné de produire directement une organisation sociale complète et définitive; à nous, de propager le précepte de l'*inégalité devant Dieu*, base de la hiérarchie de la famille humaine. Les catholiques n'ont sanctifié que les travaux spirituels, parce que l'esprit seul était susceptible d'une direction *pacifique*; les seigneurs féodaux et les rois ont gouverné et administré *militairement* les intérêts temporels ou matériels, parce que la vue morale pacifique n'avait pas encore pu les comprendre. Mais maintenant que l'énergie matérielle des hommes s'applique principalement à des travaux pacifiques susceptibles d'une direction morale, sociale, religieuse, nous devons sanctifier l'industrie aussi bien que la science, et consacrer hardiment à la célébration de la bonté divine les joies de *l'esprit* et celles de la *chair*. Les chrétiens ont divisé Dieu et n'ont adoré qu'une de ses faces : nous devons connaître et pratiquer Dieu sous ses deux faces, et l'adorer dans son unité. Les révolutionnaires se sont arrêtés devant la constitution actuelle de la propriété, nous lèverons cette dernière barrière. Le christianisme a commencé l'affranchissement des femmes; nous l'achèverons. L'amour ne sera plus un sentiment purement individuel et plein de contradictions, faisant régner les femmes en public, et les faisant, au logis, obéir en esclaves. Nous nous passionnerons pour ces tendres moitiés de l'*être humain ;* nous nous passionnerons pour les femmes, non-seulement parce qu'elles sont douces, gracieuses, aimantes, plus aimantes que nous, mais parce qu'elles sont nées, ainsi que nous, pour l'autorité comme pour l'obéissance, parce qu'il y a parmi elles des prêtresses, des directrices des travaux scientifiques et industriels, de même que parmi les hommes il y a des prêtres, des chefs de la science et de l'industrie. L'amour, le mariage, deviennent une union sociale aussi bien qu'individuelle, et par conséquent complétement religieuse. Après l'éducation, la tâche politique la plus importante des gouvernans, prêtres et prêtresses, est de rechercher les jeunes époux qui forment les deux moitiés d'un même être, sous le triple rapport moral, intellectuel et physique, et de les réunir dans la fonction qui leur est propre. Le catholicisme travaillait activement à faire prédominer le mérite moral et intellectuel sur la naissance ; la chevalerie elle-même, cette institution de guerriers, mais de guerriers chrétiens, tendait également à subordonner la naissance au mérite, tel surtout qu'elle pouvait le comprendre, au mérite militaire. Pour nous, plus de privilége de sexe, d'éducation ou de fortune ! plus d'héritage ! à chacun selon sa capacité ! à chaque capacité selon ses œuvres !

Mais vous connaissez la foi nouvelle ; vous avez assisté à nos réunions, et c'est après tous les efforts de nos frères pour vous convertir que vous désespérez aujourd'hui de vous-même, et nous priez de vous abandonner !

Mon fils, car la supériorité morale que j'ai évidemment sur vous me donne le droit de vous appeler de ce nom ; mon fils, peu de mois déjà se sont écoulés depuis que j'ai déposé dans les mains des chefs de la doctrine, ma vie entière, mon passé et mes espérances. J'ai puisé dans leur affection la force de devenir père à mon tour ; j'ai converti, j'ai engendré à la vie St.-Simonienne ceux que j'ai jugés les plus dignes de se passionner pour les joies de l'aveni , qui sont aussi celles du présent. C'est entouré de la tendresse paternelle de mes chefs et de la tendresse filiale de mes inférieurs, c'est tout rayonnant d'une double auréole, que je me présente à vous, dans la sainte majesté d'un apôtre de la foi nouvelle.

Mon fils, tout ce que j'entends dire autour de moi m'afflige profondément. Avec quel sentiment avez-vous approché les successeurs de St.-Simon ? et quelle a été votre pensée jusqu'à ce jour ? vous n'avez été ému que d'un misérable sentiment de curiosité. Vous avez pensé qu'il s'agissait seulement d'un système d'idées bizarres, qu'un homme qui se dit complaisamment bizarre ne pouvait se dispenser de connaître ; vous avez cru pouvoir juger dès le début une doctrine qui doit transformer l'humanité et la planète qu'elle habite, une doctrine qui est la parole vivifiante de Dieu. Vous vous êtes joué de ce qu'il y a de plus saint à la surface du globe; et vous l'avez fait sans honte! vous! et qui êtes-vous?... Quelle vive bienveillance, quel ardent amour avez-vous jamais ressenti pour ce monde au milieu de qui Dieu vous a fait naître? Par quels actes, quel dévouement, quels sacrifices lui avez-vous fait apercevoir que vous étiez *vivant?* Vous êtes entouré d'hommes plus forts et d'hommes plus faibles que vous; quand avez-vous montré aux uns le respect, la confiance ; aux autres, la tendresse, la douce protection que vous leur deviez? Dites-moi qui vous aime, qui vous suit, qui vous cherche; dites-moi qui vous enseigne et qui vous écoute? Ah! comprenez donc enfin ce que signifie l'isolement où vous vivez. Vous vous aimez et vous vous caressez tout seul; vous êtes pour vous-même un objet de vanité et de flatterie. Nos frères ont été au-devant de vous, ils espéraient vous faire partager les contentemens délicieux qu'ils éprouvent : ils se sont efforcés d'embraser votre âme du sentiment, de la passion, du feu divin qui va régénérer radicalement tous les hommes; et vous êtes resté plongé dans vos éternelles hésitations; vous avez craint de sortir de votre tiédeur, de votre oisiveté, et vous ne vous êtes abandonné à la foi

St.-Simonienne que tout juste ce qu'il fallait pour vous laisser la *liberté* de contempler en vous-même le nouveau degré d'originalité qu'elle vous donnait! Mon fils, vous vous êtes cru l'égal de ces hommes aimans, fervens, en qui la parole de Dieu est incarnée, et qui la propagent! Vous avez traitez avec eux de puissance à puissance, de pair à compagnon! Eh bien, je vous dis que vous n'êtes pas l'égal du plus petit d'entre nous. Vous n'êtes pas même l'égal de ces missionnaires rétrogrades, de ces abbés ultramontains, de ces prélats espagnols contre lesquels votre bile s'allume. Mon fils! mon fils! vous n'êtes l'égal, *en ce moment,* que de ceux qui sont assez orgueilleux pour ne point reconnaître de supérieurs, et assez impuissans pour ne faire chérir à personne une place au-dessous d'eux.

Je vous parle un langage rude, mais je vous crois assez fort pour l'entendre; quand Dieu veut amener à lui les esprits, les cœurs faibles, il les attire par un langage tendre, par de douces caresses. Quand il veut convertir saint Paul, il envoie la foudre qui l'éblouit, l'étouffe et l'ébranle jusque dans la moelle des os. Vous avez besoin qu'on vous fasse sentir le vide glacial, le néant où vous vous êtes englouti, vous qui étiez né pour vivre d'une vie de poésie et d'enthousiasme. Oui, j'en crois les regrets de mes frères, j'en crois leurs tendres souvenirs; cette amitié qu'ils vous portent, malgré le peu de cas que vous en faites, est pour moi un témoignage assuré de tout ce qu'il y a de bon en vous. Celui qui sait se faire aimer quand il s'éloigne et nous délaisse, celui-là porte en lui l'empreinte d'une vocation certaine, et, par le souvenir que nos cœurs en ont gardé, Dieu nous rappelle qu'on n'a pas encore assez fait, qu'il faut le suivre, le presser, l'étreindre, jusqu'à ce que les larmes viennent dans ses yeux, le sourire sur ses lèvres, jusqu'à ce qu'il s'élance à nos côtés, plein d'amour, de foi, d'énergie, prêchant cet avenir que Dieu nous envoie et que nos efforts réalisent à tout moment. Ah! vous-même, mon fils, croyez à ce touchant témoignage, croyez à ces vives émotions que vous fait ressentir tout ce qu'il y a de grand, de généreux, de poétique dans l'histoire des hommes. Vous êtes artiste, vous êtes prêtre, vous devez compte à Dieu d'une vie de prêtre.

Pourriez-vous mettre plus de confiance dans vos habitudes de cœur, d'esprit et de corps, que dans la parole d'un père de la religion nouvelle? Songez-y : toutes vos inclinations, toutes vos pensées, tous vos actes vous ont été imposés par le siècle où vous vivez, et ce siècle n'est digne, à vos propres yeux, que de mépris ou de pitié. Ce sont les préjugés dont on berçait nos grands-pères qui vous retiennent encore dans l'attente, qui vous engourdissent et vous endorment dans une coupable inaction. Sans ces préjugés détestables, vous auriez senti, depuis long-temps quels regrets, quels tourmens, quel supplice vous prépare la destinée que vous vous êtes faite.

Si Dieu n'est pas un vain nom, s'il existe, s'il nous est même impossible d'imaginer une existence que la sienne ne contienne pas; si DIEU est cette UNITÉ VIVANTE, qui aime et qui est aimée, qui commande et qui obéit, qui agit et réagit, liant amoureusement les hommes et les femmes en une seule famille, et cette famille avec le monde; si DIEU est l'ÊTRE UNIQUE, qui, sans cesser d'être UNIQUE, crée en lui tous les êtres et les fait croître dans sa BONTÉ INFINIE, dans sa SAGESSE SUPRÈME et son ÉTERNELLE BONTÉ, assurément, mon fils, SA BONTÉ PARFAITE ET INFINIE se manifeste à nous, *êtres finis et perfectibles*, par le sentiment le plus favorable au bonheur du plus grand nombre; SA SUPRÈME INTELLIGENCE se manifeste à nous par les raisonnemens, les idées qui expliquent et développent le mieux ce sentiment; SA TOUTE PUISSANCE, par les actes qui le réalisent; et DIEU lui-même se laisse voir et toucher dans l'UNITÉ formée par les ÊTRES *et les* CHOSES qui aiment et sont aimées, qui commandent et obéissent, qui transforment et sont transformées, selon le nouveau sentiment favorable au bonheur du plus grand nombre. C'est DIEU lui-même, mon cher fils, qui fait aujourd'hui ce que nous faisons; c'est DIEU qui parle par nos bouches, et qui écoute dans les oreilles de ceux qui sont touchés de nos paroles. Concevez, enfin, que vous, qui vous contentez d'admirer froidement la doctrine, vous n'avez point d'amour pour Dieu, puisque vous ne *nous* aimez pas; vous n'avez pas l'intelligence de Dieu, puisque vous n'unissez pas vos efforts aux *nôtres*. DIEU qui est TOUTE PERFECTION se manifeste à nous, *dans le temps*, par une PERFECTIBILITÉ UNIVERSELLE ET INFINIE. Certes, il ne vous a pas doué d'un amour *perfectible* pour vous constituer le juge et le critique de ses œuvres, pour vous faire dire : « Les commencemens de la » régénération S^t.-Simonienne sont *imparfaits;* Dieu ne » me fait rien voir, en eux, de son amour, de sa sagesse, de » sa puissance *infinies;* ou, pour le peu qu'il m'en montre, » je ne lui livrerai ni mon cœur, ni ma tête, ni mes bras! »

Méditez ce que je viens de vous dire : j'ai mis le doigt sur la plaie. Oui, je suis convaincu que c'est l'idée chrétienne d'une *perfection mystique* qui vous tourmente et vous empêche de sentir tout ce qu'il y a de bonheur, de gloire et de puissance dans le sentiment de la *perfectibilité.* Vous êtes, à votre insu, préoccupé de cette pensée que Dieu, *Être parfait*, ne peut se manifester que par des choses *parfaites*. La religion de l'avenir ne se présente pas à vous avec des temples, des fêtes, une liturgie, des sacremens; il vous semble dès-lors que ce n'est point une religion, et tous les élans dévots de votre ame se dirigent encore vers les pratiques catholiques. — Mais, dites-moi, le culte pompeux du catholicisme, qui vous émeut si profondément, ne fut-il pas soumis lui-même à cette loi de *perfectibilité* dont Dieu vivifie toutes choses? Pensez-vous que ces immenses cathédrales soient sorties tout à coup de dessous terre avec leurs ogives, leurs flèches aiguës, leurs riches vitraux ? Les chrétiens se sont-ils assemblés d'abord au son de l'orgue et des cloches ? les premiers évêques officiaient-ils sur des autels chargés d'or et de pierreries, entourés du chœur mélodieux des prêtres et des vierges, et au milieu d'un nuage de parfums? voyait-on les nouveaux convertis, tous couverts d'habits magnifiques, élevant vers le ciel des croix d'argent et d'éclatantes bannières, venir composer, d'eux-mêmes, ces représentations évangéliques, ces longues processions et toutes les solennités du moyen-âge? Non : le *culte*, le *dogme* et la *charité* même se perfectionnèrent à mesure que la foi s'étendit. Il fallut dix siècles de propagation pour que l'on pût fonder le catholicisme et prêcher les croisades; il fallut douze siècles d'élaborations théologiques pour que saint Thomas pût écrire la *Somme*. Avant que les pieuses corporations des artistes du catholicisme eussent élevé ces monastères, ces abbayes, ces cathédrales *chrétiennes*, que nous nommons à tort *gothiques*, d'autres artistes moins fervens, moins inspirés, avaient employé les richesses de l'église à construire des temples sur le modèle de ceux des payens. Avant d'être assez riches pour bâtir ces temples, les chrétiens s'étaient assemblés dans les vieux édifices abandonnés par les dieux du polythéisme; avant d'entrer dans ces vieux édifices, les chrétiens avaient consacré à leurs assemblées de simples habitations particulières; ils s'étaient réunis dans le *cénacle*, dans les catacombes. — Imaginez ce que furent d'abord les *richesses* de l'église? De misérables aumônes que l'on partageait entre les plus nécessiteux, entre les plus affamés. Constantin, converti à la foi chrétienne, autorisa les associations religieuses à posséder des biens-fonds, et permit à tous les citoyens de léguer leurs biens aux églises: c'est à partir seulement de cette époque que chaque cathédrale eut son patrimoine comme le siége de Saint-Pierre, et chaque diocèse un économe chargé d'en régir les intérêts temporels; le sort des pauvres fut journellement assuré; l'église put élever des temples, décorer les autels et entretenir ses ministres. — Il fallut des siècles pour régler la célébration du service divin, pour fixer toutes les parties de la *messe*. On la composa d'une foule de symboles et de souvenirs de la vie du Christ ou de l'histoire de son église. Les *cierges* rappelèrent le temps où l'on prêchait dans la nuit des catacombes ; l'*autel* et les tissus qui le recouvrent représentèrent les tables qui servaient à la sainte cène ; la *cène* elle-même devint l'image du sacrifice de Jésus ; l'*offertoire* rappela les dons que les fidèles apportaient pour les agapes, ou repas de charité ; et l'*élévation*, la coutume où l'on était d'exposer aux regards religieux du peuple le pain et le vin, avant de les bénir et de les distribuer. Ce ne fut qu'au commencement du 7e siècle que Grégoire-le-Grand créa la liturgie, et fixa définitivement le rituel romain, la division des paroisses, le calendrier des fêtes, le service et le costume des prêtres et des diacres ; toutefois, plusieurs fêtes importantes n'existaient pas encore : La Toussaint, la fête des Morts, la Fête-Dieu ne furent fondées que du neuvième au treizième siècle, et il fallut toute la sainte énergie d'un Hildebrand pour imposer aux églises latines un même rite, une même langue, et un culte uniforme. — Ces confréries et ces communautés régulières que vous admirez à juste titre, que furent-elles à leur origine? des réunions de cénobites, quelques anachorètes isolés, vivant dans l'indépendance des déserts. Le but de ces premiers solitaires n'était ni le progrès de la science, ni l'éducation des jeunes prêtres, ni les défrichemens des terres incultes, ni la multiplication des manuscrits : leur but était purement individuel ; il s'agissait pour eux de fuir le monde et de châtier leur chair. Se nourrir de racines, de fruits sauvages, dormir sur des cailloux, ne se livrer au travail que pour se procurer quelques vêtemens grossiers ou dans l'unique intention de se mortifier, passer des mois, des années entières, immobiles sur le chapiteau d'une colonne ; telles étaient les occupations des prédécesseurs des enfans de St.-Bazile, de St.-Benoît, de St.-Dominique, tel était le germe de ces innombrables couvens qui formèrent comme le corps de réserve de l'église militante, et où les souverains pontifes purent, jusqu'à deux fois, renouveler leur clergé séculier, que le contact continuel d'une société, moitié démoralisée, moitié sauvage, avait corrompu. — Si la hiérarchie fut lente à se *perfectionner* dans le clergé régulier et séculier, ce fut avec bien plus de lenteur encore que l'on astreignit les fidèles, pendant le service divin, à des règles d'ordre et de décence, *de moins en moins* IMPARFAITES. Au quatrième siècle, le peuple applaudissait encore les prédicateurs, comme naguère les gladiateurs et les comédiens. Les agapes, ou repas de charité qui suivaient ou précédaient la cène, la confession *publique* de *tous* les péchés, étaient encore journellement une occasion de scandale. Ce ne fut que dans le siècle suivant que le clergé put abolir les agapes, et instituer pour les pécheurs scandaleux la confession *secrète* à un *seul* prêtre. Il fallait que la dévotion, *de plus en plus* fervente, intelligente et industrieuse, découvrît une foule de pratiques minutieuses pour enchaîner la violence, la grossièreté, l'imbécillité d'un peuple encore esclave ou sauvage : ces pratiques ne furent inspirées que dans la suite des siècles ; le *signe de la croix*, pratique simple, qui seule, peut-être, pouvait faire impression sur le peuple, et le maintenir dans une même direction, le signe de la croix ne fut en usage que deux cents ans après le martyre de l'*Homme-Dieu.* — Dans tout l'intervalle de temps qui sépare la conversion de Constantin de la prédication des apôtres, il n'y eut, à proprement parler, ni sacremens, ni liturgie. Le *baptême* était une ablution symbolique, administrée au néophite par celui qui avait le plus contribué à sa conversion ; la *communion*, un repas consacré à la mémoire du maître. Il n'y avait alors ni *droit canon*, ni *officialités* ; toute la *juridiction ecclésiastique* consistait en arbitrages jugés par l'évêque ; toutes les *cérémonies*, toutes les *solennités* se bornaient à des réunions dans le cénacle ou dans les catacombes; tout le *service divin*, aux enseignemens et aux prédications des disciples. — Aussi combien de payens et de Juifs restèrent indifférens et froids devant la simplicité des œuvres et de la dévotion des premiers chrétiens! Combien vécurent irrésolus, dans l'attente et l'inaction, considérant ces *nouveaux religionnaires* comme des *philosophes* qui n'avaient *point de* RELIGION, puisqu'ils n'avaient ni *temples*, ni *autels*, ni *victimes*, ni *prêtres*.

Auriez-vous imité ces vieux *admirateurs* de la mythologie ou de la loi moïsiaque? Transportez-vous au temps merveilleux des S^t. - Jean et des S^t.-Paul, et dites-moi si vous allez délaisser les assemblées modestes des successeurs de Jésus et *chercher Dieu* dans les fêtes imposantes des payens ou des Hébreux? non : je vous vois sortir du temple de Jérusalem, vous descendez du Capitole, vous dépouillez les vieux préjugés, les vieux souvenirs de ces religions mortes, et vous vous approchez de l'Église naissante qui marche vers de si neuves, vers de si belles destinées; vous brûlez d'entendre les régénérateurs de l'espèce humaine; vous voulez les croire, les suivre, et sous leur tutelle propager comme eux le nouveau sentiment, la NOUVELLE RELIGION que Dieu a révélé au monde.

Ah! ne regrettez pas ces temps de simplicité, de foi, de renouvellement! Voici une alliance qui fait pâlir toutes celles qui l'ont précédée. Voici de nouveaux S^t.-Paul, tout rayonnans, tout brûlans d'un amour qui éclipse l'amour *chrétien* du vieux S^t.-Paul. — Non, nous n'avons pas les temples, les cérémonies, les sacremens que nous posséderons dans l'avenir. Dieu veut que ces saintes pratiques nous soient inspirées par nos œuvres, et les œuvres qui nous les inspireront, que sont-elles, sinon la prédication, la propagation du nouveau sentiment, de la *nouvelle religion* qui les contient en germe?

Croyez-moi; dans ces hommes que vous voyez pénétrés d'une mission religieuse, il n'y a rien de trivial, d'ordinaire, rien d'*humain* qui ne soit DIVIN. Toutes les *imperfections* qui PERFECTIONNENT sont PARFAITES.

La religion est ce qui lie l'homme à l'homme, et les hommes au monde qui les entoure. Où peut-on dire, aujourd'hui que les religions existantes à la surface du globe sont toutes en décadence, qu'une nouvelle religion se forme? Je vous adjure de dire s'il est possible qu'une nouvelle religion se forme autre part et autrement qu'en nous et par nous! Franchissez donc le dernier intervalle qui vous sépare de nous, et proclamez hautement qu'il n'existe, maintenant, d'autres pratiques religieuses que nos travaux de propagation, nos voyages, nos correspondances, nos enseignemens et nos prédications; proclamez que le seul temple béni de Dieu est le lieu où nous prêchons; que la seule hiérarchie bénie de Dieu est celle qui nous inspire l'obéissance pour nos supérieurs, et pour nos inférieurs une douce autorité. Nos réunions intérieures, nos assemblées publiques sont des solennités saintes; nos paroles sont une liturgie; nos actes, des sacremens.

« Parfois, dites-vous, dans vos retours vers le catholicisme, *vous voudriez* COMMUNIER! » Mon fils, consacrez toute votre vie, tout votre être, à l'ŒUVRE COMMUNE que nous avons entreprise. *Vous voulez communier.....* JETEZ-VOUS DANS NOS BRAS !!!

CH. D.

ÉVERAT, rue du Cadran, n° 16.